L_{n}^{27} 13530.

I0000118

DÉFENSE

DU

LIEUTENANT MARIN

DEVANT LE CONSEIL D'ENQUÊTE

DE PERPIGNAN,

Le 4 septembre 1847.

L 27 n 13530

DÉFENSE

DU

LIEUTENANT MARIN

DEVANT LE CONSEIL D'ENQUÊTE

DE PERPIGNAN,

Le 4 septembre 1847.

BIBLIOTHÈQUE ROYALE

PARIS,

TYPOGRAPHIE FÉLIX MALTESTE ET Cie,

18, RUE DES DEUX-PORTES-ST-SAUVEUR.

1847

Lettre du lieutenant Marin *au lieutenant-général*
comte de Castellanne.

Perpignan, 31 août 1847.

Mon Général,

Obligé de concilier le respect que je vous dois et l'in-
dignation que me fait éprouver l'insouciance avec laquelle
on me traite, je ne me permettrai qu'une seule observation pour vous instruire du motif qui m'engage à remettre
ma démission entre les mains de mon colonel.

J'ai attendu pendant deux mois et demi l'enquête or-
donnée par M. le ministre de la guerre; les documens que
l'on exigeait devraient être arrivés ici depuis longtemps si
l'on se fût occupé de mon affaire; depuis deux mois et
demi j'attends en vain. Malgré tout le besoin que j'éprou-
vais, après tant de secousses, de rentrer au sein de ma
famille (besoin qui n'a été compris que de moi seul), j'ai
accepté cette enquête, je l'eusse même provoquée de mon
propre gré.

Aujourd'hui, ma patience est à bout : saturé de dégoûts,
indigné de l'indifférence qu'accusent toutes les lenteurs
qu'on apporte à ma justification, je vous déclare avec le
plus profond regret que je ne répondrai plus à l'inculpa-
tion dirigée contre moi, mais je me retirerai de la carrière
militaire en homme fort de sa conscience et assez fier de
ses actes passés pour n'avoir besoin de les voir blâmés ou
sanctionnés par un comité de juges.

Soyez assez bon, mon général, pour m'autoriser à quitter Perpignan, en me donnant une permission, jusqu'à l'acceptation officielle de la remise de mon grade.

J'ai l'honneur, etc.

MARIN,
Lieutenant au 15e léger.

Réponse du lieutenant-général comte DE CASTELLANNE.

Des demandes successives ont été adressées au ministre de la guerre pour obtenir le dossier d'Oran que vous avez désiré être produit : aujourd'hui que le retard dans cet envoi se prolonge d'une manière fâcheuse pour vous, je vais ordonner la convocation immédiate du conseil d'enquête dans le cas où vous consentiriez à paraître devant lui sans ce moyen de justification.

Recevez, etc.

Comte DE CASTELLANNE.

Réponse du lieutenant MARIN *au lieutenant-général comte* DE CASTELLANNE.

MON GÉNÉRAL,

Je vous remercie du bon vouloir que vous mettez à hâter la convocation du conseil d'enquête devant lequel je dois comparaître. Je renonce de grand cœur à toute espèce de documens autres que ceux que je fournirai, et vous me trouverez prêt à répondre aussitôt que vous le jugerez convenable.

J'ai l'honneur, etc.

MARIN,
Lieutenant au 15e léger.

DÉFENSE

LIEUTENANT MARIN,

DEVANT LE CONSEIL D'ENQUÊTE

DE PERPIGNAN,

Le 4 septembre 1847.

MESSIEURS,

Avant d'entreprendre le récit de l'événement qui m'amène devant vous pour défendre mon honneur, je crois devoir vous rappeler ici quelle était la situation de nos affaires dans la province de Tlemcen, au 26 septembre 1845, jour qui précéda celui de mon départ pour Aïn Témouchen.

Le 23, c'est-à-dire trois jours auparavant, et à peu de distance de la Marghnia et de Djemma Ghrazaoual, le massacre du 8ᵉ bataillon de chasseurs et d'un escadron de hussards, formant la colonne du colonel Montagnac, venait d'avoir lieu ; la nouvelle en était publiquement connue à Tlemcen.

Les Angades, les Ouled Ennar, les Traras, les Beni Senassen, les Ouled Rias, les Gossels, les Beni Amer, plus une grande partie des tribus marocaines, situées au-delà de nos frontières de l'ouest, en un mot, toutes les peuplades comprises entre Taza et la ligne d'Oran à Tlemcen, c'est-à-dire dans une espace de trente-cinq à quarante lieues carrées environ, se trouvaient en pleine insurrection, et avaient de nouveau rallié sous les drapeaux de l'émir. Ce bruit s'était déjà propagé dans la ville, et ceux de vous, Messieurs, qui y étaient à cette époque, doivent se rappeler l'inquiétude qui y régnait et les bruits sinistres qui s'y succédaient d'heure en heure.

Toutes les troupes disponibles de la garnison, sauf les écloppés, sauf les malingres et convalescens sortant des hôpitaux, sauf quelques recrues arrivant de France formant un effectif de 200 hommes, étaient, avec le général Cavaignac, en observation sur l'Oued Zitoun ; ce petit arrière ban fut cependant appelé à renforcer sa colonne, et nous dûmes partir le soir même avec un escadron de chasseurs, commandé par le colonel de Tremblay, pour le rejoindre.

Nous campâmes à Elnaïa, nous devions repartir pendant le nuit ; mais les renseignemens que le colonel Tremblay y reçut devinrent tellement alarmans qu'il fit appeler les chefs de détachement, parmi lesquels se trouvait M. Bac, capitaine au régiment, leur ordonna de défendre aux hommes de se coucher et de quitter leurs armes, et leur enjoignit de se tenir prêts, au premier ordre, à quitter le camp sans bruit pour retourner à Tlemcen, en attendant qu'il reçût l'ordre formel et par écrit de se porter en avant, ne voulant pas prendre sous sa responsabilité une pareille mission.

Une heure après, nous retrogradâmes effectivement en silence sur Tlemcen ; il était minuit environ ; on prit pendant la marche toutes les mesures nécessaires en cas d'attaque, et nous arrivâmes aux portes de la ville le 27 septembre, à quatre heures du matin.

Ces 200 hommes, déjà fatigués par une nuit d'insomnie et de marche, furent aussitôt divisés dans les différens postés, durent repartir le soir même pour Aïn Témouchen, et former un nouveau détachement dont on me remit le commandement.

Dans la journée, j'en fus officiellement prévenu par M. le commandant Bernard, qui me remit un ordre de marche, en me prescrivant de faire de courtes stations aux différens douairs établis comme postes de surveillance sur le trajet que j'avais à parcourir. Je devais partir de Tlemcen à sept heures du soir et être arrivé à la pointe du jour à Aïn Témouchen : c'était un espace d'environ quinze lieues à franchir dans douze heures de marche de nuit.

On releva les gardes vers le soir ; le détachement se trouva réuni à peu près à l'heure voulue, on me chargea d'un convoi de 20,000 cartouches pour Aïn Témouchen, et après m'avoir fait suivre un long détour aux environs de la ville, afin de tromper les Arabes sur la direction que j'allais prendre, je quittai Tlemcen, accompagné de deux cavaliers indigènes chargés de me servir de guides.

Telle était la composition de mon détachement :

15e léger.	85	hommes.
41e de ligne.	21	—
zouaves.	36	—
8e chasseurs d'Orléans	32	—
10e id.	22	—
Train des équipages. .	4	—
Total. . . .	200	

M. Hillairain, lieutenant, avait été placé sous mes ordres, et M. Cabasse, chirurgien sous-aide, faisait également partie du convoi.

Quand je me rappelle les circonstances de ce départ, tout me fait croire au secret pressentiment que l'on avait à Tlemcen, du danger certain auquel on m'exposait, en m'envoyant, dans un pareil moment, et avec une telle composition d'hommes, au milieu d'un pays révolté, livré à mes propres forces, et ne pouvant compter sur aucun secours.

Les Arabes des tribus qui environnaient Tlemcen et qui, chaque jour, peuplaient nos marchés, n'y avaient point paru le 26 et le 27 septembre. — Des dispositions extraordinaires avaient été prises subitement pour la défense de la ville, et la milice de chaque quartier venait d'avoir son poste de combat assigné en cas d'attaque.

M. le chef d'escadron Bernard me serra la main sur la place en me souhaitant un voyage heureux et en m'observant que ce commandement m'était remis par ordre du général Cavaignac, malgré que M. Hillairain fût plus ancien que moi.

Plusieurs officiers vinrent me dire qu'il était inconcevable, qu'après les sinistres nouvelles qu'on venait de recevoir, on exposât ainsi un faible détachement au milieu d'un pays insurgé : M. Hillairain lui-même me fit cette observation; je lui répondis que notre devoir était de marcher sans réflexions, et qu'avec l'ordre que je tenais entre les mains je remplirais cette mission avec quatre hommes et un caporal, si tel eût été fixé l'effectif de mon détachement.

Je ne tardai pas à m'apercevoir des difficultés que j'allais éprouver à accomplir dans le temps limité ce pénible voyage. A peine à deux lieues de Tlemcen, une grande partie de mes hommes, épuisés de fatigue, ralentissaient ma marche, s'arrêtaient dans les buissons, et m'observaient qu'ils étaient exténués, qu'ils sortaient de l'hôpital ; qu'ils n'avaient pas dormi depuis trois jours : j'employai prières , menaces, supplications ; je chargeai leurs sacs sur mes mulets ; je fis monter quelques-uns d'entre eux sur mes cacolets ; je plaçai une forte arrière-garde à deux cents pas de moi, et chargeai M. Cabasse de rester avec elle afin de me prévenir de ralentir le pas ou de m'arrêter quand il le jugerait nécessaire : mon cheval de selle, celui de M. Cabasse, furent mis à la disposition des plus malades, et je continuai ma route.

Toutes ces mesures devinrent inutiles ; le nombre des écloppés augmentait à mesure que j'avançais ; tous les quarts d'heure j'étais obligé de m'arrêter pour attendre les traînards.

L'absence de tous les douairs que l'on m'avait désignés comme postes de station, me faisait comprendre la nécessité de hâter le pas ; j'eus un instant l'idée de laisser là tous les retardataires et de poursuivre ma route avec les hommes valides qui me restaient ; la crainte de compromettre une partie de mon détachement m'obligea à les attendre, mais j'eus dès lors la conviction intime que je n'arriverais à Aïn Témouchen que longtemps après l'heure qui m'avait été désignée.

La nuit était des plus sombres ; un nuage épais nous environnait et semblait ajouter encore aux embarras de notre position.

Près de Lamigné, environ à quatre lieues de Tlemcen, je fus arrêté subitement par l'émigration de tribus qui fuyaient dans le plus grand désordre.

Il pouvait être minuit environ.

Des femmes, des enfans, des bêtes de somme chargées de bagages traversaient la route ; j'entendais autour de moi des cris confus d'épouvante ; toutes ces peuplades semblaient chercher à éviter la poursuite d'un ennemi. Je m'arrêtai, me formai à la hâte en carré, j'ordonnai de mettre la baïonnette aux fusils, et fis prendre par mes guides arabes des informations sur les circonstances de ce désordre.

Ils revinrent un instant après et me dirent que toutes ces tribus fuyaient l'approche de l'émir, qui s'avançait sur ma gauche et se trouvait à deux lieues de moi environ. Ils m'engagèrent vivement et avec instance à rétrograder, m'observant qu'Abd-el-Kader avait avec lui des forces considérables : je réfléchis un instant; mais, malgré l'évidence du danger qui m'environnait, j'ordonnai de poursuivre en avant.

En ce moment, je cédai à un sentiment d'amour-propre qui me fit juger comme une faiblesse un mouvement rétrograde basé sur les simples données de quelques Arabes et avant d'avoir vu le danger.

Cet acte, messieurs, je me le suis amèrement reproché comme une faute grave, et je m'en avoue publiquement coupable.

Je continuai ma route jusqu'à l'Issère, toujours dans les conditions les plus décourageantes quant à l'épuisement de mes hommes, et rencontrant à chaque instant de nouvelles émigrations.

Je m'arrêtai dix minutes à l'Issère, à peu près à moitié route de Tlemcen à Aïn Témouchen, et après avoir fait comprendre à mon détachement toute l'importance qui s'attachait à notre prompte arrivée, après leur avoir fait entrevoir qu'ils auraient le temps de se reposer à Aïn Témouchen de toutes leurs fatigues, j'arrivai, presque sans m'arrêter, au camp du Figuier.

Là, malgré toute ma persistance à vouloir continuer, mon détachement qui venait de gravir, sans prendre haleine, près de trois lieues de côtes, s'arrêta harassé de fatigue, et je fus contraint de lui accorder vingt minutes de repos.

J'ordonnai de faire le café et prévins mes hommes que, de là jusqu'à Aïn Témouchen, nous marcherions ensuite sans faire de halte.

La redoute du Figuier devait être occupée par un poste arabe; ce poste, ainsi que tous ceux placés sur ma route, s'était retiré.

J'examinai l'emplacement environné d'une petite enceinte de murailles, et fis observer à MM. Cabasse et Hillairain que si j'étais attaqué près d'un point semblable, je pourrais m'y maintenir longtemps dans ce petit carré de murailles, ayant sous la main l'eau de la source et des vivres dans les sacs de mes hommes. Cependant, n'ayant plus rencontré d'Arabes depuis l'Issère jusqu'à ce point, je commençai à croire que mon voyage se terminerait sans rencontre.

Nous partîmes du Figuier il était environ sept heures du matin. Mes hommes étaient un peu plus dispos, et le brouillard s'étant dissipé, nous permettait de voir à une assez grande distance devant nous.

Après avoir passé le camp du Palmier, à environ deux lieues du point que nous venions de quitter, j'aperçus à une demi-lieue devant moi environ une vingtaine de cavaliers arabes se dirigeant à droite de ma route; ces cavaliers allaient au pas et disparurent presqu'aussitôt derrière un mamelon. Je fis masser mon détachement, j'attendis mon arrière-garde et mes traînards, je recommandai le plus grand ordre dans les rangs, et fis porter à 150 pas en avant une vingtaine de zouaves que je déployai en tirailleurs pour éclairer ma route, en enjoignant au sergent qui les commandait de se rallier sur moi en cas de danger.

Nous étions à la rivière de Sidi-Moussa; je m'empressai de franchir le bas fonds pour arriver sur les hauteurs qui la dominent, et quand j'en atteignis le sommet, je pus seulement m'apercevoir que toutes les crêtes qui m'environnaient étaient couvertes de cavaliers. La route d'Aïn Témouchen était flanquée de droite et de gauche par de forts goums arabes, et cette longue colonne se déployant insensiblement autour de moi, m'enveloppa en un instant dans un vaste cercle d'ennemis.

Je me portai promptement à gauche de la route, j'y aperçus un petit plateau couvert de palmiers nains ; c'était un terrain légèrement incliné, duquel je dominais un peu, et d'où je pouvais découvrir facilement tous les mouvemens de l'ennemi. Je m'y formai en carré, fis entrer mes mulets dans l'intérieur, et m'y préparai à une vigoureuse défense.

Un mot, Messieurs, sur les marabouts de Sidi Moussa dont j'étais éloigné d'un demi-kilomètre environ et où l'on pourrait prétendre que j'aurais trouvé un point de défense. Cette idée me fut communiquée au moment où je m'établissais sur le plateau par un jeune soldat auquel j'observai assez rudement qu'il ne lui appartenait pas de me donner un avis, qu'il était là pour obéir et moi pour commander.

Ici, Messieurs, nouvelle faute de ma part, et, je ne crains pas de l'avouer, cet avis donné par un soldat, j'aurais dû, mettant de côté tout sentiment d'amour-propre, l'étudier et le suivre s'il m'eût semblé praticable, j'ai eut le tort grave de ne céder qu'à l'orgueil, et n'ai point voulu contredire mes premiers ordres, dans la crainte de montrer à mes hommes de l'hésitation dans ma conduite.

Cette pensée était-elle bonne? Je l'ignore, car je ne m'étais jamais détourné de ma route, dans les deux ou trois voyages que j'ai fait de Tlemcen à Oran, pour les visiter. Mais j'ai vu grand nombre de marabouts en Afrique, et vous-mêmes, Messieurs, dites-moi s'il en existe capables de contenir 200 hommes?... Les sept huitièmes n'en contiendraient pas 10, et parce que M. de Geraud a eu l'idée de se réfugier dans le marabout de Sidi-Brahim, où il a été bloqué pendant trois jours (chose que je n'ai sue que durant ma captivité), doit-on conclure que je devais me diriger à l'instant vers ceux de Sidi-Moussa, que je ne connaissais pas, je vous le répète, comme vers un refuge certain?

Avez-vous entendu parler, jusqu'à l'époque à laquelle M. de Geraud a choisi cet abri contre l'ennemi, d'une résistance soutenue dans une pareille citadelle?

Il en est quelques-uns qui sont entourés d'une petite muraille; celui de Sidi-Brahim est dans ce cas: certes si cela était j'aurais pu choisir cette nouvelle redoute pour me défendre, mais j'aurais été plus malheureux que coupable de l'ignorer et de ne pas en profiter, puisqu'une telle enceinte me paraissait inexpugnable trois heures auparavant, à la halte de la redoute du Figuier.

J'avais affaire à 1,500 ou 1,800 cavaliers environ; je fis décharger mes bêtes de somme, défoncer quelques caisses de cartouches; j'en distribuai à mon détachement, et l'excitai, par tout ce que l'enthousiasme a de plus brûlant, à se défendre énergiquement.

Je me tairai, messieurs, sur les paroles qui s'échappèrent de mon âme à l'instant du danger : cette heure d'ivresse et d'enthousiasme est loin de moi, et tant de calamités supportées depuis cette époque, n'ont laissé dans mon cœur, pour le jour de ma justification, qu'un froid glacial.

Les Arabes se tenaient à une distance assez éloignée de nous. Quelques-uns descendirent de cheval et semblèrent attendre. Je ne savais comment interpréter leur inaction. Étaient-ce les cavaliers des Beni Amer et des Gossels réunis pour s'opposer au passage de l'émir? Ce doute que j'eus un instant ne tarda pas à se dissiper.

Deux cavaliers se présentèrent devant ma première face
en agitant leur burnouss comme désirant nous parler. Je
leur fis signe de s'approcher ; mais, sur leur refus et sur
la proposition que me firent deux Arabes conducteurs que
j'avais avec moi d'aller savoir ce qu'ils voulaient, je les
laissai partir.

Le premier revint un instant après me dire que l'émir
allait m'attaquer en personne, et que si je ne lui rendais
pas mes cartouches, il allait m'exterminer. Je lui fis répondre qu'il vînt les chercher et que je les rendrais une à
une au bout de mes fusils.

J'ordonnai expressément à mes hommes de ne pas s'a-
muser à tirer sur quelques cavaliers isolés qui s'appro-
chaient à portée de fusil de mon carré. Je leur observai
que nous allions avoir un autre genre de combat qu'un
combat d'escarmouche ; qu'il nous fallait répondre à l'ennemi par un feu meurtrier ; que ce feu ne devait avoir
lieu que lorsque l'ennemi nous chargerait et arriverait sur
nos baïonnettes. M. Cabasse me demanda à tirer sur un
Arabe qui caracolait à quarante pas de nous ; je lui observai que c'était à nous à donner à nos hommes l'exemple
du calme en cette circonstance, et que, s'il tirait, mon détachement l'imiterait et me dégarnirait de mon feu à l'instant où j'en aurais besoin.

Fatigué de cette longue inaction, je ne savais comment
interpréter cette espèce de suspension d'armes de la part
des Arabes, qui se maintenaient toujours à une grande
distance de moi, quand les soldats du 41e, placés sur ma
troisième face, m'avertirent qu'une colonne formidable
débouchait sur la gauche derrière une forte montagne.
C'était l'émir qui arrivait avec trois ou quatre mille cavaliers. Je compris alors pourquoi je n'avais pas été immé-
diatement attaqué.

Quand je vis le nombre d'ennemis auxquels j'allais avoir

affaire, je jugeai intérieurement toute l'inégalité d'un pareil combat; mais loin de communiquer à mes soldats toutes mes appréhensions, je m'efforçai de relever leur courage en leur parlant de la gloire qui allait rejaillir sur leurs noms. Je plantai au milieu du carré un drapeau noir, et au cri de *Vive le roi!* répété par mon détachement, je me préparai à mourir.

MM. Cabasse, Hillairain et moi nous nous serrâmes la main en signe d'adieu.

Je fis découvrir mes caisses de cartouches et fis part à mes hommes de la dernière ressource qui nous restait avant d'être mutilés par l'ennemi, celle de brûler nos poudres et de nous faire sauter s'il pénétrait dans notre carré.

Plusieurs sous-officiers et soldats électrisés par mes paroles me serraient la main en me jurant de mourir glorieusement; la plupart m'écoutaient avec un morne désespoir. Je fis mettre une deuxième balle dans le fusil. J'ordonnai à M. Hillairain de prendre le commandement de la première face; et après avoir chargé M. Cabasse de veiller sur la troisième, je me réservai le commandement des deuxième et quatrième faces, sur lesquelles les forces de l'ennemi paraissaient vouloir se concentrer.

Toutes ces masses s'approchèrent, en cet instant, des quatre points de mon carré.

Les cavaliers groupés formaient de longues colonnes dont le front pouvait comprendre quatre-vingts à cent chevaux environ.

Ils s'arrêtèrent en bon ordre à portée de fusil de moi. De nombreux goums vinrent augmenter encore cette masse compacte. Le reste se tenait en deuxième ligne à 50 mètres environ en arrière de cette colonne d'attaque.

En cet instant, Ali, le deuxième conducteur, arriva dans le carré et me rapporta ces paroles :

« L'émir te fait dire que la vie de tes hommes est en ton pouvoir; que si tu ne déposes pas les armes, si un seul coup de fusil est tiré, il tranchera toutes les têtes. »

Ces paroles furent accueillies dans mon carré avec le plus sombre silence.

Pour moi, une pensée soudaine surgit en ma tête, et mon imagination exaltée la grandit en un instant de tout le caractère du dévouement.

Si j'ai cédé à cet élan, c'est que je le sentais généreux. —Je vous le dis ici, Messieurs, — je le dirai à Dieu qui lit dans le cœur humain, quand Dieu me demandera compte de mes actes sur cette terre.

Cette pensée, aussitôt exécutée que conçue, je vais la résumer ici beaucoup plus longuement :

Point de secours à attendre.

J'étais à douze lieues de Tlemcen ;

A seize lieues d'Oran.

La colonne du général Cavaignac était à quatorze ou quinze lieues sur ma gauche.

La garnison d'Aïn-Témouchen se composait de quatre-vingts hommes environ, et se trouvait bloquée et séparée de moi par les forces de l'émir.

Accepter ce combat, c'était accepter un massacre horrible, inévitable.

Contre ce formidable choc, j'avais à opposer vingt-deux files de deux rangs sur chaque face, et, dans l'état de faiblesse, d'épuisement et d'inexpérience de mes hommes, ce premier choc devait m'anéantir. Déposer les armes, capituler avec l'ennemi, c'était me déshonorer. A Dieu ne plaise, Messieurs, que je cherche à ternir la mémoire de mes pauvres soldats !..... Je le répète ici, tous se seraient fait tuer..... Tous auraient obéi à mon commandement..... Tous auraient accepté ce duel d'un instant, où le courage devait sombrer devant la force évidente, matérielle!

Mais l'épuisement dans lequel ils se trouvaient..... Cette longue péripétie morale et physique les énervait au point que deux fois..... deux fois, Messieurs,..... à portée du fusil de l'ennemi, je les ai forcé à se relever.....

Ils étaient assis, ressemblant plutôt à des victimes décidées à mourir qu'à des soldats prêts à combattre.....

Seul arbitre de l'existence de ces deux cents hommes, j'avais le droit, moi, de mourir seul, de mourir en homme d'honneur, drapé dans ma conscience comme dans un dernier linceul, et d'accepter leur vie que m'accordait l'Émir.

Je communiquai ma résolution à mon détachement et à MM. Hillairain et Cabasse. — Tous deux m'offrirent avec empressement de partager mon sort et de se sacrifier avec moi pour le salut de nos hommes ; je les engageai à rester et me dirigeai seul vers l'ennemi, après avoir écrit à deux personnes de ma famille un mot d'adieu ainsi conçu :

« Placé entre la mort et la honte, je choisis la mort ; » priez pour moi. — *Adieu.* »

Je voulus joindre à ce billet le ruban que je portais à ma boutonnière. — J'étais devant ma quatrième face. — Mes hommes croyant voir dans le mouvement que je fis un acte de désespoir, me dirent avec force et d'une voix unanime :

« Non, non, lieutenant, gardez votre ruban, ne le quit- » tez pas. «

Au moment où je quittai le carré, M. Cabasse s'approcha de moi et me dit :

Marin, on ne voit pas ce qui se passe ici ; comment nous jugera-t-on ?

Que m'importe, lui dis-je, je vais mourir, je suis juge et chef ici, et ma conscience m'appartient.

Eh bien! ajouta-t-il, ainsi que M. Hillairain, offrez ma tête à l'Émir, et dites lui que nous sommes prêts à la livrer pour le salut du détachement.

A peine sorti, je fus entouré de cavaliers arabes ; l'un d'eux me saisit le bras ; je lui dis de me conduire près d'Abd-el-Kader, il me fit monter un cheval, et je partis au milieu des goums, défendu, à coups de sabre, de l'approche des cavaliers, par le chef arabe qui m'accompagnait.

Abd-el-Kader était assis, entouré de ses kalifas, au pied des marabouts de Sidi-Moussa ; on me conduisit vers lui ; il me montra un interprète placé à sa droite.

Tu m'as fait, lui dis-je, l'arbitre de la destinée de mes hommes : j'accepte la vie que tu leur accordes ; mais moi, lui dis-je, en détachant ma cravate avec force et en arrachant mon ruban, puisque tu m'enlèves l'honneur, je viens t'apporter ma tête, prends-la, prends tout, mais épargne mes soldats.

On m'avait fait rendre mon sabre en me présentant devant l'Emir, un kalifat placé à sa gauche le tenait à la main, Abd-el-Kader le prit, me le rendit lui-même, et m'engagea à me remettre de mon émotion, et me dit :

« Pourquoi veux-tu que je te fasse du mal ;

» Dieu veut que je sois le plus fort ;

» Aujourd'hui moi, demain vous ;

» Que voulais-tu faire avec si peu d'hommes contre ceux » que je t'oppose ;

» Tes soldats te devront la vie, ils n'auraient pu la dé- » fendre.

» Ne te chagrine, pas je les traiterai eux et toi avec hu- » manité. »

Ce n'était point là ce que j'attendais de l'Émir. Je n'avais pas songé une seule minute à cette épouvantable position qu'il m'offrait dans sa clémence, celle de prisonnier de guerre.

Effrayé de cette idée, je le suppliais lui et ses chefs de me laisser retourner à mon détachement, il me répondit :

» Tout à l'heure tu vas voir tes hommes, attends un peu, » ils vont venir. »

Dans ce moment, MM. Hillairain et Cabasse suivi du détachement désarmé arrivèrent. J'allai vers mes hommes; tous se réunirent autour de moi en me serrant la main, et me dirent qu'ils étaient prêts à supporter toutes les misères de la captivité si je devais les partager avec eux.

Leur affection, l'estime de MM. Hillairain et Cabasse, témoins des sentimens qui m'ont guidé dans cette malheureuse journée, m'ont donné l'énergie nécessaire pour supporter toutes les souffrances que j'entrevoyais dans l'avenir; et puis, ce jour solennel de mon jugement.... je l'attendais.

Maintenant, messieurs, les faits qui se sont passés dans le carré pendant mon absence sont en dehors de la cause que vous êtes appelés à juger : je n'ai point remis mon commandement à M. Hillairain, il n'a pu être responsable de mes actes, et j'en assume sur moi seul toute la responsabilité. M. Hillairain s'est conduit dignement dans cette affaire; cette justification, je la devais à sa mémoire, et moi, chef de détachement dans cette fatale journée, je la lui rends publiquement.

Parmi toutes les accusations monstrueuses que j'ai dû entendre au premier conseil de guerre de la division d'Oran, il en est une, messieurs, qui n'a pu m'atteindre au cœur et pour laquelle j'en appelle solennellement aux mânes de mes soldats et au jugement de mon pays.

On a dit publiquement : « Gardez-vous de vous laisser

toucher, dans l'arrêt que vous allez prononcer, par d'autres considérations que celle d'un rigide devoir ; si la
tendre amitié d'une sœur vous redemande un frère, deux
cents familles en deuil lui réclament aujourd'hui leurs
enfans. »

On a ingénieusement remarqué, on a humainement ob-
servé qu'une des balles que j'avais *rendues* à l'ennemi,
s'était retrouvée plus tard.... dans le corps d'un sergent
français ! balle bien étiquettée à mon nom.... balle non
douteuse, car *elle avait le calibre des nôtres*.... balle, en
un mot, lancée indirectement par la main du lieutenant
Marin !...

Oui.... le sang de mes soldats a coulé.... Je n'accuse
personne, moi, messieurs.... il y a quelque chose de trop
épouvantable dans une semblable imputation.... mais si,
en dehors des décrets de la Providence qui marque le
terme de nos destinées, il est un coupable auteur de la
mort de ces deux cents hommes.... puisse leur sang re-
tomber goutte à goutte sur sa tête.... Et c'est moi, moi,
leur lieutenant, qui fais cette prière à Dieu.

Je ne chercherai point à vous émouvoir par le souvenir
de ces poignantes douleurs.... Une cruelle expérience ne
m'a que trop démontré que le malheur éloigne de nous
toute sympathie, toute intelligence, toute pitié.... Exposé,
pendant quatorze mois, aux poignards d'un fanatique teint
du sang de mes compagnons de captivité, j'ai souvent appelé de mes vœux un terme à tant de maux. En butte à
toutes les tortures morales, quand l'heure de la délivrance
a sonné pour les derniers survivans de ce massacre, j'ai
dû gémir six mois encore sous le poids d'une accusation
flétrissante et d'une condamnation à mort, côte à côte avec
un voleur dégradé publiquement sur la place d'Oran et
qu'une bienveillance toute particulière m'avait désigné
comme camarade de chambrée.

Je serais bien malheureux, messieurs, si l'aveu que je vais vous faire ne vous semblait dicté que par un cynisme éhonté. Cet aveu, le voilà :

Si mon cœur a saigné de tant d'indignités, loin d'éprouver des remords, loin de rougir de ma conduite, je m'en enorgueillis encore.

J'ai obéi à ma conscience, vous obéirez aux exigences de votre devoir.

Je laisse les regrets d'une coupable action aux méchans qui se sont fait du malheur qui m'a frappé un piédestal pour se relever en m'écrasant.

Le mépris à la calomnie !

Quant à la honte, avant d'imprimer ce cachet sur mon front, tâchez d'en effacer les rides qu'y ont creusées vingt campagnes d'Afrique aux bataillons de zouaves.

Marin.

Copie d'une lettre de M. Courby de Cognore, *lieutenant-colonel de hussards, ex-prisonnier de l'Émir, à*
Mademoiselle Marin.

Tarbes, 4 juin.

Mademoiselle,

Ce n'est qu'au moment de mon départ de Paris, où
j'étais accablé d'occupations, que j'ai reçu la lettre et la
relation que vous avez pris la peine de m'envoyer. Je serais bien heureux si ce que j'ai pu dire, soit en Afrique,
soit en France, sur le compte de M. votre frère, a pu avoir
quelque influence favorable sur l'opinion publique, et ce
que j'ai dit partout, et même en haut lieu, n'était que
l'expression sincère de ma pensée.

D'après ce qui précède, vous devez juger de la vive
satisfaction que j'ai éprouvée en apprenant l'arrêt de la
Cour de cassation. Vous verrez probablement bientôt
M. votre frère, vous pouvez lui dire que personne n'a appris avec plus de bonheur que moi l'heureuse issue de
cette affaire, et que personne, plus que moi, ne fait des
vœux pour qu'il ait un meilleur avenir.

Dans la cruelle année de captivité que nous avons pas-
sée ensemble, j'ai pu apprécier les qualités de son cœur
et de son esprit ; j'en conserverai un précieux souvenir.
Ayez la bonté d'être l'interprête de mes sentimens auprès
de lui.

J'ai vu M. votre frère pendant ces temps d'épreuve, où,
exposés à chaque instant aux menaces de mort de la part

des Arabes, j'ai pu apprécier son calme et son sang-froid. Certes, je n'ai pu croire qu'il manquât de cœur, mais on est quelquefois soumis à de cruelles fatalités.

Daignez agréer, Mademoiselle, l'hommage de ma parfaite considération.

Signé, COURBY DE COGNORE,
Lieutenant-Colonel.

Copie d'une lettre adressée à M. LARRAZET, lieutenant au 8ᵉ bataillon de chasseurs, et à M. THOMAS, sous-lieutenant au 5ᵉ bataillon de chasseurs, tous deux ex-prisonniers de l'Émir, par le lieutenant MARIN, le 25 juin 1847.

MON CHER LARRAZET, MON CHER THOMAS,

Je viens faire un appel à votre honneur, car il s'agit aujourd'hui de de défendre le mien devant un conseil d'enquête.

Veuillez donc répondre en marge aux questions que je prends la liberté de vous adresser :

Quelle était l'opinion de tout mon détachement sur mon compte ? . . . .

Jouissais-je de l'estime, de la confiance de mes hommes ? . . . .

Avez-vous entendu un seul d'entr'eux m'accuser de faiblesse ou de lâcheté dans l'affaire du 28 septembre ? . . . .

Me louaient-ils ? Me blâmaient-ils ? . . . .

Pensez-vous que si mes hommes vivaient, ils m'accuseraient aujourd'hui ou me défendraient ? . . . .

M. Cabasse, M. Hillairain, ne m'ont-ils pas répété souvent devant vous en captivité, que si nos généraux m'avaient vu dans cette circonstance, ma conduite, loin d'être blâmée, mériterait leurs éloges ? . . . . .

N'ont-ils pas dit : que mon détachement ne devait la vie qu'à mon dévouement, et, qu'accepter ce combat, c'était accepter un massacre inévitable ? . . . .

Adieu mon cher Thomas, mon cher Larrazet, j'ai foi dans votre franchise et votre loyauté.

MARIN.

Réponse de MM. THOMAS *et* LARRAZET, *à* M. MARIN.

RÉPONSE DE M. THOMAS A M. MARIN.

Mon cher Marin, je m'empresse de vous adresser votre lettre que je viens de recevoir ce matin, en y ayant mis, comme vous me le demandez, mon opinion, et ce que j'avais entendu dire aux hommes de votre détachement, pendant notre misérable captivité. Depuis notre séparation je vous ai néanmoins suivi, et c'est avec plaisir et bonheur que j'ai appris votre dernier jugement. — Je suis heureux de pouvoir vous être de quelque utilité en rapportant des faits qui sont la pure et exacte vérité. — Adieu, mon cher Marin, je suis toujours votre camarade et ami. — Écrivez-moi après votre conseil d'enquête, ce sera avec bonheur que j'apprendrai un heureux résultat.

Signé, THOMAS, sous-lieutenant.

A votre avantage.

Oui.

Jamais.

Ils vous louaient.

Je pense qu'ils vous défendraient chaudement.

Je ne me rappelle pas les avoir entendu dire que si nos généraux vous eussent vu ils vous eussent loué; mais je les ai entendus eux-mêmes vous louer bien des fois.

Cent fois.

Signé, THOMAS.

RÉPONSE DE M. LARRAZET.

Je déclare sur l'honneur que l'opinion de votre détachement était en votre faveur; que vous jouissiez de l'estime et de la confiance de vos hommes en général, et de la mienne en particulier.

Je ne les ai jamais entendu murmurer sur votre conduite, dans l'affaire du 28 septembre. Votre noble conduite dans cette circonstance, où vous avez offert votre tête pour sauver celles de votre détachement doit vous mettre à l'abri de tout reproche au sujet du massacre.

Adieu, mon cher Marin, je désire ardemment que vous sortiez triomphant de cette nouvelle épreuve, et que vous repreniez la place que vous avez toujours été digne d'occuper.

A vous de cœur.

Signé, LARRAZET,
Lieutenant au 8ᵉ chasseurs d'Orléans.

Lettre de M. Marin *à* M. Cabasse.

Perpignan, 25 juin.

Monsieur,

Je dois paraître, au régiment, devant un conseil d'enquête, et je fais un appel à votre honneur, pour répondre par écrit aux questions que je prends la liberté de vous adresser :

Quelle est votre conviction profonde, intime?

Ai-je cédé, en quittant le carré, à un sentiment de faiblesse, de crainte, de lâcheté ? M'avez-vous vu faiblir un seul instant, pendant ces deux ou trois heures d'attente?

Ne m'avez-vous pas dit le jour même, ne m'avez-vous pas répété bien souvent, en captivité, que si nos généraux avaient été témoins des faits qui se sont passés, ma conduite, loin d'être blâmée, mériterait leurs éloges?

Au milieu des souffrances qu'ont eu à supporter nos malheureux soldats, avez-vous entendu sortir de leur bouche, un mot de blâme, de plainte, ou de reproche sur moi?

N'ai-je pas été entouré, jusqu'à l'heure de leur mort, de l'estime profonde, de la sympathie de tout mon détachement? N'ai-je pas joui constamment de la vôtre et de celle de M. Hillairain?

Ne m'avez-vous pas répété souvent, en captivité, que mon détachement ne devait la vie qu'à mon dévouement, et, qu'accepter ce combat, était accepter un massacre inévitable?

C'est mon honneur que je vais défendre aujourd'hui,

Monsieur; si vous croyez que je n'y ai point failli, j'ai confiance que vous aurez le courage de le dire.

Ayez la bonté de répondre *en marge* à ces questions que je déposerai entre les mains du général Corbin, commandant la division de Perpignan.

Recevez, Monsieur, l'expression de mes sentimens,

MARIN.

Réponse de M. CABASSE *à* M. MARIN.

Paris, 30 juin.

MONSIEUR,

Je crois avoir mieux formulé ma conviction *profonde*, *intime*, dans ma déposition, que je ne pourrais le faire en répondant à vos quelques questions qui entraîneraient à des explications que je ne puis donner pour cause de maladie nécessitant une immobilité complète au lit.

Avec cette déposition, on peut, je crois, répondre à toutes. Je vous avouerai qu'une pareille lettre de vous à moi m'a paru très extraordinaire : pas un mot de réponse à celle que vous avez dû recevoir à Oran, par le courrier du 25 mai. Enfin !.....

Vous devez avoir le droit de me faire appeler à ce conseil, et de me faire faire toutes les questions possibles par le président : usez de ce droit, si vous pensez que de nouvelles explications soient nécessaires.

N'ai-je pas dit en plein conseil que j'étais convaincu qu'il n'y avait pas eu faiblesse ni lâcheté ?

Que je crois que si vous aviez cédé à la *nécessité* de quitter le carré et d'aller offrir votre tête, c'est parce que vous pensiez que c'était là le seul moyen de sauver votre détachement.

Vous ai-je jamais prouvé que je ne vous estimais pas ?

Vous pouvez être tranquille, je suis d'un caractère à avoir le courage de tout dire ; j'ai entendu pas mal de personnes, de différens grades, qui vous ont attaqué ; il pourra vous arriver d'en rencontrer quelques-unes ; leur position vis-à-vis de moi, et leur manière de voir différentes de la mienne, ne m'ont pas empêché de leur dire ma façon de penser.

Vous me demandez, entre autres choses, si j'ai entendu sortir de la bouche d'un de vos soldats un mot de plainte ou de reproche : eh bien ! à cette demande, je répondrai, non, au commencement ; et à la fin, lorsqu'ils étaient malheureux, oui.

Quant à votre dévouement et à votre fermeté, il n'y a qu'une voix, et dans le témoignage de Larrazet, du colonel et dans le mien.

Le regrette de n'être pas dans une position à avoir pu discuter avec vous tous les points de votre lettre.

Recevez, Monsieur, l'expression de mes sentimens.

Signé : J. CABASSE.
Chirurgien sous-aide au Val-de-Grâce.

BIBLIOTHEQUE ROYALE

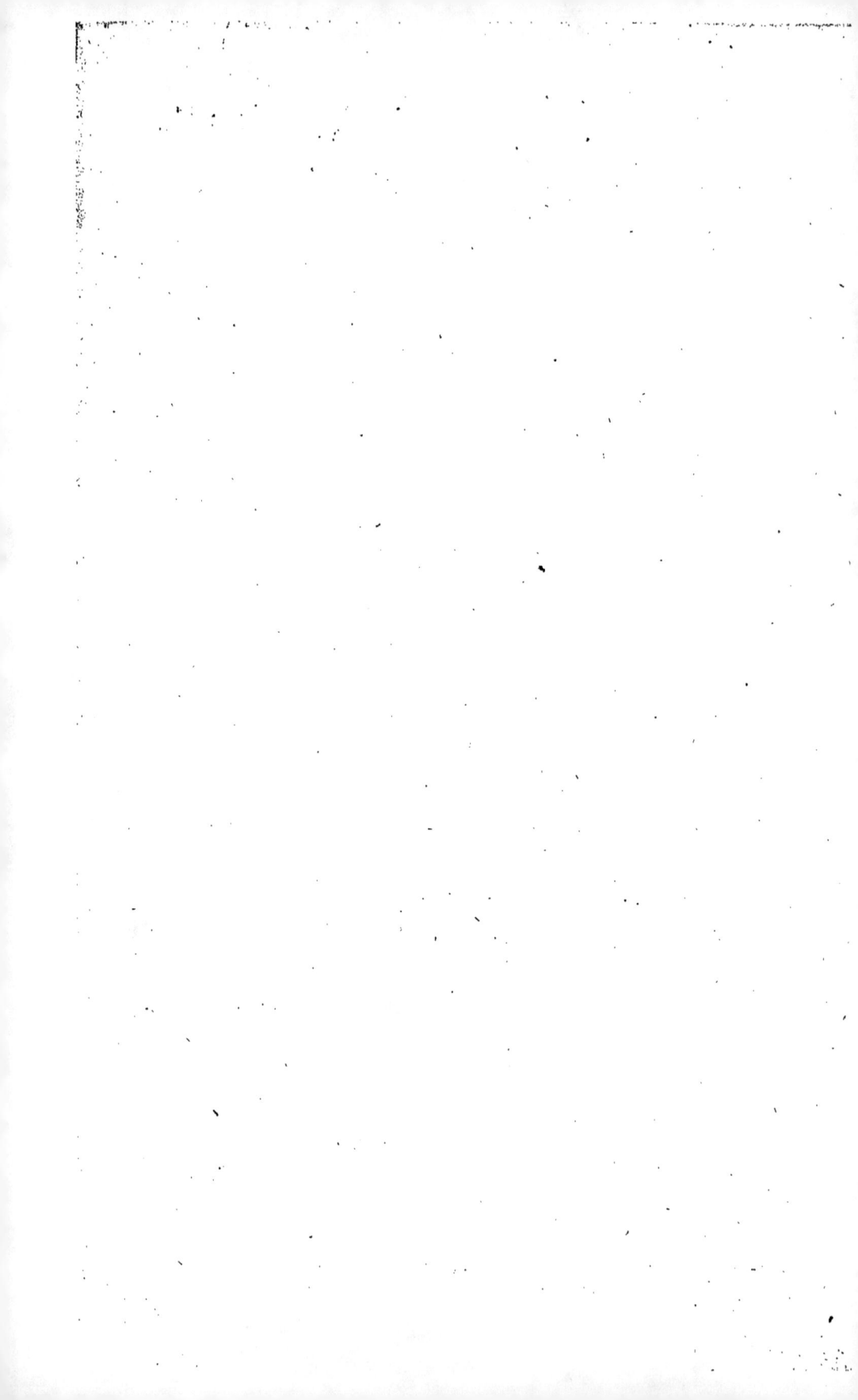

www.ingramcontent.com/pod-product-compliance
Lightning Source LLC
Chambersburg PA
CBHW070739210326
41520CB00016B/4500